AF611578

HISTOIRE
DE LA
SOCIÉTÉ D'AGRICULTURE
DE COMMERCE & DES ARTS

Etablie par les Etats de Bretagne

(1757)

PAR

LOUIS DE VILLERS
Secrétaire général de la Société Archéologique d'Ille-et-Vilaine

SAINT-BRIEUC
IMPRIMERIE-LIBRAIRIE-LITHOGRAPHIE RENÉ PRUD'HOMME
1, Place de la Préfecture, 1
1898

HISTOIRE

DE LA

SOCIÉTÉ D'AGRICULTURE

DE COMMERCE & DES ARTS

Etablie par les Etats de Bretagne

(1757)

PAR

LOUIS DE VILLERS

Secrétaire général de la Société Archéologique d'Ille-et-Vilaine

SAINT-BRIEUC

IMPRIMERIE-LIBRAIRIE-LITHOGRAPHIE RENÉ PRUD'HOMME

1, Place de la Préfecture, 1

1898

HISTOIRE

DE LA

SOCIÉTÉ D'AGRICULTURE

DE COMMERCE ET DES ARTS

Etablie par les Etats de Bretagne

(1757)

MESSIEURS,

La situation agricole de la Bretagne, sous le règne de Louis XV, était déplorable ; les campagnes étaient dépeuplées, les agriculteurs pauvres et par dessus tout routiniers, hostiles à toute innovation ; un tiers de la province était couvert de landes et de terres vagues, propres seulement à fournir de maigres pâtis au bétail (1). « J'ai traversé deux fois cette province dans toute sa longueur et par des routes différentes, écrit un auteur contemporain. C'est un spectacle affligeant que la quantité immense des terres incultes qu'on y rencontre. J'oserais presque assurer que tout le cœur de la Bretagne est en friche et que la partie cultivée, qui ne va pas à la moitié, n'est qu'une ceinture qui entoure la stérilité même. Les landes,

(1) L. de Villers, *La Chalotais agriculteur.* Mémoires de la Société archéologique d'Ille-et-Vilaine, T. XXIII, 1894.

par leur étendue, sont au moins comparables à celles de Gascogne. Mais il m'a paru qu'elles résisteraient moins aux améliorations. Ce ne sont pas des plaines de sable : c'est de la terre qui a du fonds (1). »

Cette situation n'était pas seulement particulière à la Bretagne ; la France entière lui ressemblait. Cela provenait du dépeuplement des campagnes, occasionné par des guerres continuelles, ensuite par le peu d'encouragement donné à l'agriculture. Depuis Sully, aucun ministre n'avait songé à mettre en pratique cette maxime que l'agriculture est le soutien des Etats et la base du commerce. Colbert avait donné tous ses soins à établir « une navigation, des manufactures, un commerce actif ; toute sa sollicitude était pour les négociants, mais non pour les laboureurs (2) ». C'était une grave faute, comme le montra la suite.

Toutefois, nous aurions mauvaise grâce à ne pas reconnaître l'existence d'agronomes distingués, tant en Bretagne que dans les autres provinces, tel que Calloët de Kerbrat, avocat général à la Chambre des Comptes, qui avait construit une ferme modèle et s'était livré à des expériences d'agriculture où il devançait Cassini et Réaumur (3) ; mais ils étaient peu ou point connus des agriculteurs, et cela pour deux raisons : d'abord « le soin d'instruire le public des travaux qu'on a suivis en secret, mais avec fidélité, ne suffit pas pour attirer la confiance, surtout si ces travaux ont un objet essentiel et tendent à détruire des préjugés... Les hommes demandent que les faits qu'on leur offre se soient passés au grand jour ; ils exigent des témoignages frappants et désirent que le plaisir d'apprendre une découverte utile ne soit pas altéré par la crainte d'adopter une erreur (4) ». Pour arriver à ce résultat, il fallait se réunir, former une société ; tel était le second motif : « Il faut des chefs pour conduire les bras hors des routines ordinaires,

(1) *Ecole d'agriculture*, Paris, 1759, p. 68, note.

(2) *Recherches et considérations sur les finances de la France*, T. I, p. 294, 297 et suivantes. Mém. du comte de Boulainvilliers, T. I, p. 16.

(3) A. de Kerdrel. *Gabriel Calloët de Kerbrat, agronome breton au XVIIe siècle.* Assoc. bretonne, T. IV.

(4) *Précis des expériences faites par ordre du roi, à Trianon*, par M. Tillet, p. 3.

où la pauvreté circonscrit l'industrie de nos cultivateurs (1). » Toutes les provinces de France, jalouses de la capitale, avaient érigé des Académies où seuls l'agriculture et le commerce étaient bannis. L'étranger nous avait devancés sur ce terrain : au Hanovre, en Italie, en Ecosse, en Irlande, etc., il existait des Sociétés ou des prix pour l'agriculture (2).

I

Emu de ce spectacle, Montaudoin (3) adressa aux Etats de Bretagne un mémoire sur l'établissement d'une Société d'Agriculture, de Commerce et des Arts, en Bretagne. Ce mémoire, fortement appuyé par M. de Gournay (4), intendant du com-

(1) *Recherches et considérations sur les finances de la France*, T. I, p. 390.

(2) A Gottingen (Hanovre), en 1751, la Société des Sciences accorde un prix pour une question économique. En 1753, il se fonde à Florence une Académie d'agriculture, etc.

(3) Famille de négociants anoblie et confirmée par lettres de 1773, dont les armes étaient : d'azur à un mat de six coupeaux d'or mouvant de la pointe de l'écu. — Jean-Gabriel Montaudoin, né à Nantes le 23 décembre 1722 ; il y mourut le 12 mars 1781. Il partagea avec Abeille la rédaction du Corps d'Observations de la Société d'Agriculture, de Commerce et des Arts. On a de lui : *Supplément à l'Essai sur la police générale des grains* (de Herbert) ; *la Haye, 1757*, in-12 de 48 pages — des *Mémoires* insérés dans le Journal du Commerce imprimé à Bruxelles, ainsi que dans d'autres ouvrages périodiques ; des *Notices historiques* ; enfin il collabora à plusieurs ouvrages économiques et littéraires. Montaudoin était membre correspondant de l'Académie des Sciences de Paris, de l'Académie royale de La Rochelle, etc. Voir la *Biographie bretonne* de Levot, t. II, Armorial de Courcy.

(4) Jacques-Claude-Marie-Vincent de Gournay est né à Saint-Malo, le 28 mai 1712. Son père, un des négociants les plus considérables de cette ville, l'ayant destiné à lui succéder, le fit voyager ; il l'envoya à Cadix, à l'âge de 17 ans. De retour en France en 1744, il fut connu du comte de Maurepas, alors ministre de la Marine, qui jugea sa valeur. Après avoir visité l'Espagne, la Hollande,

merce, fut renvoyé à la commission des Etats, qui comprenait cette section (1). Dans la séance du 28 janvier 1757, l'abbé de

l'Allemagne et l'Angleterre, recueillant des mémoires, faisant des observations sur le commerce et la marine de ces différents Etats, on pouvait dire de lui : « Que c'était plutôt un homme d'Etat qu'un négociant. » En 1746, M. Jamets de Villebare, son associé et son ami, mourut; il le fit son légataire universel. Alors Vincent quitta le commerce et prit le nom de la terre de Gournay qui faisait partie de cette succession. M. de Maurepas lui conseilla de demander une place d'intendant du commerce. M. de Machault, à qui le mérite de M. de Gournay était aussi très connu, lui fit donner celle qui vaqua en 1751, par la mort de M. Le Tourneur. Son entrée au bureau du commerce fut signalée par le perfectionnement des manufactures, il contribua par ses actes et ses écrits à l'abolition des maîtrises et jurandes, à la simplification des actes en matière commerciale qui ne servaient qu'à paralyser l'industrie française. En restreignant le monopole il donna l'essor à notre industrie qui put dès lors soutenir la concurrence sur les marchés étrangers. Les maximes de M. de Gournay se réduisaient toutes à celle-ci : « Que dans le commerce abandonné à lui-même, il n'est pas possible que l'intérêt particulier ne concoure pas avec l'intérêt général, et que le gouvernement ne doit s'en mêler que pour lui accorder au besoin sa protection et ses secours. » Tel est le système qu'il développa toujours dans ses écrits et qu'il soutint avec la fermeté la plus courageuse jusqu'à la fin de sa vie. Il le puisa dans ses nombreux voyages et dans l'étude particulière qu'il avait faite des mémoires du Grand Pensionnaire, Jean de Witt. Son zèle pour le bien public lui inspira le dessein de visiter le royaume. Il s'arrêta à Rennes pendant la tenue des Etats de 1756, et c'est à son séjour en cette ville que l'on doit en partie l'existence de la Société d'Agriculture. Les pertes qu'il essuya sur les fonds qu'il avait laissés en Espagne ayant amoindri sa fortune, il se détermina, en 1758, à quitter sa charge d'intendant du commerce. Il demanda seulement à conserver le droit de séance au bureau du commerce avec le titre d'honoraire, ce qui lui fut accordé. M. de Silhouette, qui avait beaucoup d'estime pour lui, ne fut pas plus tôt contrôleur-général qu'il résolut d'arracher à sa retraite un homme dont le talent et le zèle étaient si utiles à l'Etat. Mais M. de Gournay était déjà attaqué de la maladie dont il est mort à Paris, le 27 juin 1759. Ses principaux ouvrages sont : *Traité sur le commerce et sur les avantages de la réduction de l'intérêt de l'argent*, par Josias Child, avec un *Petit traité contre l'usure* (par Thom. Culpeper) traduit de l'anglais, 1754. — *Considérations sur le commerce et en partie sur les compagnies, sociétés et maîtrises*, 1758; cet ouvrage fut fait en collaboration avec Clicquot Blervache. Voir le *Mercure de France*, août 1760. — Le *Journal du Commerce*, 1761. — Le *Mémoire pour servir à l'histoire de ce siècle*, par Dagues de Clairefontaine, 1778, t. II, p. 275. — *Biographie bretonne*, de Levot. — *Vincent de Gournay*, par G. Schelle, 1897, Paris, Guillaumin.

(1) Les Etats s'ouvrirent à Rennes, le 6 décembre 1756; le samedi 11 fut nommée la commission du commerce qui fut composée comme suit : *de l'Eglise*, MM. les évêques de Saint-Malo, abbés de Rhedon, de Saint-Aubin-des-Bois,

Notre-Dame de Villeneuve (1), rapporteur de la commission, lut le rapport suivant : « Messieurs, vous nous avez fait l'honneur de nous renvoyer un excellent mémoire de M. Montaudoin sur l'agriculture, les arts et le commerce ; il propose comme très utile l'établissement d'une société qui ferait son étude de ces trois objets. M. de Gournay, intendant du commerce, nous exhorte à adopter ce projet. Nous avons pensé comme lui, que rien ne pouvait être plus avantageux à la province que cet établissement, nous l'avons même regardé comme essentiel.... Il n'est pas difficile de prouver l'utilité et même la nécessité d'une pareille association. Nous ne pouvons nous dissimuler l'état d'affaiblissement où l'agriculture et les arts sont réduits, surtout dans l'intérieur de la province. S'il y a un moyen de tirer nos cultivateurs de la léthargie où ils sont plongés, et d'animer nos artistes, c'est sans doute de les faire instruire par des personnes pour qui ils ont du respect et de la confiance : des essais que le succès aurait justifiés, des espérances multipliées sous leurs yeux, les convaincraient à la fin que la routine qu'ont suivie leurs pères, peut n'être pas la meilleure. Les laboureurs ont besoin d'être instruits, plus encore par des exemples que par des leçons ; l'un et l'autre fera l'objet principal de la société que nous vous proposons de former. Cette société serait composée dans chaque évêché de six personnes choisies sans distinction d'ordre, parmi les sujets que l'on aurait lieu de juger, par leur état ou leurs occupations, être le plus au fait de chaque matière ; on chargerait ces commissaires d'examiner l'état de ces trois parties, de rechercher avec soin les causes de leurs progrès ou de leur décadence, les obstacles qui peuvent les arrêter, et les moyens de les faire cesser ; ils correspondraient avec le bureau général

les députés des Chapitres de Saint-Malo et de Saint-Brieuc ; *de la Noblesse*, MM. du Sels des Monts, d'Espinoze, la Chapelle-Villeplot, de Pontual, de la Motte-Lesnaye et de Luker ; *du Tiers*, MM. de Prémion, premier député de Nantes, de Kerlivio, député de Quimper, de la Vieuville, premier député de Saint-Malo, Daumenil, deuxième député de Morlaix, Alba, député de Pontivy, et Ponfneuf, député du Croisic. (Extrait des Registres des Etats de Bretagne).

(1) Située près Nantes, cette abbaye fut fondée, en 1200, par la duchesse Constance ; en 1757, l'abbé de Villeneuve était Le Fèvre de Laubière, pourvu le 23 octobre 1746. *Gallia christiana.*

qui serait établi à Rennes, où tous les membres auraient séance et voix délibérative ; ils pourraient aussi s'assembler dans chaque diocèse quand ils le jugeraient convenable ; ils donneraient leurs avis au bureau général pour l'adjudication des prix sur ces trois objets, en cas qu'il fût arrêté d'en accorder pour augmenter l'émulation ; ils se communiqueraient respectivement leurs observations, surtout celles qui peuvent être d'une utilité générale, et se donneraient mutuellement les instructions relatives aux objets dont ils seraient chargés ; par ce moyen, si quelqu'un voulait étendre dans une partie de la province une culture qui n'y serait pas établie et qui fût d'usage dans un autre canton, il serait en état de se procurer facilement tous les éclaircissements nécessaires pour la faire réussir ; on exhorterait les commissaires à faire des expériences, à les suivre avec attention et à faire part de leurs succès. Chaque membre serait obligé de remettre au bureau général, avant la tenue prochaine, un mémoire sur quelque partie de l'agriculture, du commerce et des arts ; ces mémoires y seraient lus, examinés et comparés, et mettraient le bureau général à portée de fournir aux Etats un corps d'observations sur des objets si intéressans et si négligés. Les Etats auraient des connaissances sûres pour encourager les entreprises qui mériteraient de l'être, pour exciter l'émulation, et porter dans peu d'années, l'agriculture, les arts et le commerce, au plus haut point où ils puissent parvenir... »

Après la lecture de ce rapport et après l'avoir approuvé, les Etats chargèrent la Commission du Commerce de rédiger un plan de Société et « d'indiquer aussi à l'assemblée les sujets qu'elle croirait le plus propres pour cette commission ». A la suite de cette délibération, nous trouvons le petit paragraphe suivant : « Et sur ce que la Commission a dit que ce mémoire qui venait d'être reçu favorablement par les Etats, était de M. de Pontual, de l'Ordre de la Noblesse, secondé dans ce travail par M. de Prémion (1), maire et premier député de Nantes. Les Etats les ont remerciés. » Or, nous avons vu qu'il était signé de Montaudouin ; voulait-on gagner le vote des

(1) Voir le *Livre doré de l'Hôtel-de-Ville de Nantes*, par MM. A. Perthuis et S. de la Nicollière-Teijeiro, T. I, p. 433.

Etats grâce à l'appui de cette signature, ou plutôt reconnaître la collaboration de MM. de Pontual et de Prémion (1) ?

Quoi qu'il en soit, cinq jours après, la Commission apportait aux Etats un projet de règlement composé des quatorze articles suivants :

ARTICLE PREMIER. — Les associés de chaque Evêché s'assembleront dans la ville épiscopale pour convenir du lieu, des jours d'assemblée et de la distribution du travail.

ART. II. — Ils pourront choisir pour lieu d'assemblée le bureau de la Commission Intermédiaire (2), en faire le dépôt

(1) Voir *le Mercure de France*, juillet 1757, p. 95. — *Journal des sçavants*, août 1757, p. 519.

(2) *La Commission intermédiaire des Etats de Bretagne* était uniquement chargée de l'exécution des délibérations des Etats en ce qui concerne les parties administratives, telles que : la levée de l'impôt pour l'entretien des milices, de l'administration du casernement, des étapes, etc., V. ms. *Dict. de l'administration de Bretagne*, T. I, p. 147, Arch. dép., et *L'administration des Etats de Bretagne de 1493 à 1790*, par L.-N. Caron.

Commission intermédiaire pour les Domaines, Controlles, Francs-fiefs et Droits y joints, séante à Rennes pour toute la province :

Ordre de l'Eglise,	MM.
	l'abbé de Brilhac, rue de Bourbon ;
	Fontaine, ab. de Geneston, rue Baudrairie ;
	l'abbé de la Borderie, place de Saint-Pierre ;
	l'abbé de Romilley, près la Mennais.
Ordre de la Noblesse,	MM.
	de Kermadec du Moustoir, rue aux Foulons ;
	de Saint-Pern Ligouyer, id.
	le Baron de Pontual, id.
	le Chevalier le Provost de la Voltais, rue Tou.
Ordre du Tiers,	MM.
	de Coniac, sénéchal de Rennes, Hôtel-de-Ville ;
	Logeois, alloué de Rennes, rue Royale ;
	Viard de Jussé, Cons. au Prés., rue du Guesclin ;
	Malherbe, fils, avocat, rue du Guesclin.
Rapporteur des requêtes,	MM.
	Malherbe, rue du Guesclin ;
	Le Chapelier, rue de la Monnaie ;
	Geslin, rue du Chapitre ;
	des Coutures, rue Rallier.
Premier commis,	M.
	Paviot, au bureau, rue Royale.

et se servir des commis, en observant de ne déranger en rien le travail de cette Commission, ou choisir tel autre lieu qui leur conviendra.

Art. III. — Les Assemblées du bureau de Rennes pourront se faire dans une salle de M. de la Landelle, qui a bien voulu l'offrir.

Art. IV. — Ce bureau s'assemblera une fois par semaine ; les autres bureaux seront invités à s'assembler au moins deux fois par mois ; l'absence de quelqu'un des membres ne doit point empêcher ceux qui sont à portée du bureau de s'y rendre, pour y suivre le travail commun. On espère que les absents dédommageront la Société par un redoublement de leur travail particulier.

Art. V. — La liberté étant l'âme d'une pareille association, le premier point de cette liberté est que chaque associé travaille sur la partie qui lui plaira davantage ; s'il s'en trouve d'assez zélés pour les embrasser toutes, on désire seulement qu'ils séparent les différents objets pour la commodité du travail et de la rédaction.

Art. VI. — L'objet des premières opérations des associés doit être d'examiner l'état de l'agriculture, du commerce et des arts, de chercher avec soin les causes de leurs progrès ou de leur décadence, les obstacles qui peuvent les arrêter et les moyens d'y remédier.

Art. VII. — Chaque membre sera obligé de remettre au bureau de son diocèse, avant la tenue prochaine, un Mémoire détaillé sur quelque partie de l'agriculture, du commerce et des arts.

Art. VIII. — Tous les citoyens seront invités à remettre à Messieurs les Associés des Mémoires sur ces objets, ils seront reçus avec reconnaissance. On aura l'attention d'en remercier les auteurs, et de faire connaître l'obligation qu'on leur a.

Art. IX. — Les associés de chaque évêché auront un registre pour chaque objet; ces trois registres demeureront toujours dans le lieu du dépôt pour servir d'instruction. On y insérera par extraits les Mémoires, dont les originaux seront cependant conservés ; on enverra au bureau de Rennes, trois mois avant les Etats, les articles qui pourront mériter l'attention générale, et les Associés de Rennes en formeront un corps d'observations propre à être présenté aux Etats.

Art. X. — Indépendamment de la correspondance qu'on exhorte tous les Associés à établir entre eux, il convient, pour la facilité du service, que le bureau de Rennes soit le centre de la correspondance générale, d'où les observations intéressantes qui y auront été adressées seront répandues dans la province.

Art. XI. — Le but qu'on se propose est d'étendre les connaissances utiles ; les Associés auront une attention particulière à donner, à ceux qui les consulteront, des réponses satisfaisantes.

Art. XII. — Quand une pratique aura été reconnue bonne, chaque commissaire s'attachera à la répandre dans son canton, en l'éprouvant lui-même, engageant ses amis à la suivre, et surtout en démontrant aux laboureurs, aux artistes, les avantages qui en résultent.

Art. XIII. — La Commission sera chargée généralement de tout ce qui concernera dans la province l'agriculture, les arts et le commerce.

Art. XIV. — Messieurs les Associés sont priés expressément de communiquer aux Etats prochains les moyens qui leur paraîtront les plus propres pour perfectionner le présent Règlement.

En même temps, l'abbé de N.-D. de Villeneuve présentait une liste de six associés par évêché, sans distinction d'ordre, ainsi qu'il avait été proposé et agréé par les Etats le 28 janvier dernier :

Sçavoir :

Pour Rennes

Adresses	Messieurs,
à Rennes,	de Nevet,
à Rennes,	du Sel,
à Vitré,	des Nétumières, l'aîné,
à Rennes,	Rallier des Ormeaux,

à Fougères,	de Montigny, maire de Fougères.
à Rennes,	Abeille (1).

Nantes

à Nantes,	l'abbé de Ramaceul,
à Nantes,	de la Biliais le Loup,
à Nantes,	Montaudouin,
à Nantes,	Senicout-Grou,
à Nantes,	de Prémion,
au Croisic,	de Pontneuf.

Vannes

à Vannes,	l'abbé de Pontual,
à Auray,	de Kermadec,
à Vannes,	de la Chapelle,
à Guémené,	de Berthou,
à Vannes,	du Bodan,
au Port-Louis,	Perron,

Quimper

à Carhaix,	Royou, recteur de Trébrivan,
à Kerfilin, par Pont-l'Abbé,	de Penfentenio de Kervereguin,
à Quimper,	de Silguy, fils,
à Quimper,	de Kerlivio,
à Audierne,	Poûlgoasec,
à Lokornan,	Chardon,

(1) Né à Toulouse en 1719, s'établit à Rennes en qualité d'avocat. Mais il cultivait plus les sciences et les arts que le barreau. Lié d'amitié avec le Procureur général de la Chalotais, il s'adonna à la perfection de l'agriculture. Nommé secrétaire de la Société d'agriculture de Bretagne, il rédigea avec Montaudoin le *Corps d'observations*, et fut l'auteur de la plupart des gravures qui ornent les deux volumes. Habile dessinateur, il s'était composé un *ex-libris* représentant une ruche autour de laquelle voltige un essaim, avec cette légende : « *Laudem, divitius hinc sperate coloni.* » (*Mémoires de la Société archéologique d'Ille-et-Vilaine*, T. XX, exhibition de M. le Comte de Palys). Lorsque la Société d'agriculture fut réunie à celle de Paris, il fut nommé associé pensionnaire. Il est mort à Paris en 1807. Abeille joignait tous les talents d'un homme aimable. — V. l'*Armorique littéraire*, par le citoyen M. (Maréchal), Lamballe, an 3e de la République. — *Annuaire du Morbihan*, 1883.

Saint-Malo

à Saint-Malo,	l'abbé Thé du Châtellier,
à Saint-Malo,	de Pontual, fils,
à Rennes,	de Coetpeur,
à Broons,	de Bruc,
à Saint-Malo,	Vincent de la Guimerais,
à Saint-Malo,	Bécard.

Dol

à Dol,	de Montlouet,
à Rennes,	de Grenédan,
à Dol,	de la Cornillère, fils,
à Châteauneuf,	Beaudouin,
à Dol,	de la Turrie des Rieux,
à Saint-Malo,	du Rouvre.

Saint-Brieuc

à Saint-Brieuc,	Rabec, chanoine,
à Lamballe,	de Tramin,
à Quintin,	Digautrais des Landes,
à Quintin,	Boitidoux,
à Pontrieux,	Armez du Pourpry,
à Saint-Brieuc,	de la Salle Lemée.

Tréguier

à Tréguier,	l'abbé du Lézard,
à Morlaix,	l'abbé La Touche, recteur de St-Mathieu de Morlaix,
à Lannion,	de Kergariou,
à Morlaix,	Marzin, maire de Morlaix,
à Tréguier,	de Villeneuve Cillard,
à Guingamp,	de Portville.

Léon

à Landerneau,	l'abbé de Courson, recteur de Plouïder,
à Morlaix,	Podeur. recteur de Comana, à Morlaix.
à Landerneau,	Mazurier, père,
à Morlaix,	d'Aumenil,
à Landerneau,	de Kersauson de Coetanscourt,
à Roscoff,	de Kermabon Marzin.

Les Etats adoptèrent le règlement et la liste, mais le 15 février, M. de la Bourdonnays ayant « représenté que plusieurs Membres de l'Assemblée ont décidé qu'il fût proposé de nommer M. l'Evêque de Rennes, M. le duc de Rohan, M. de Silguy, M. d'Amilly, premier président au Parlement ; M. le Bret, intendant ; M. le Président de Montbourcher, M. le Président de Montluc et M. de la Chalotais, Procureur général au Parlement ; de Coniac, sénéchal de Rennes, Associés de la Société de l'Agriculture, du Commerce et des Arts ; Marquis de Langle, Conseiller au Parlement ; de Livois, Thébault, associés surnuméraires (1) ».

Les Etats agréèrent cette liste, ce qui porta le nombre des associés, en comptant les associés surnuméraires, au nombre de soixante-cinq.

Telle fut l'origine de la *Société d'Agriculture, du Commerce et des Arts établie par les Etats de Bretagne.* Animés d'un même zèle pour leur chère province, on vit tous les Ordres se confondre : « On y nomme comme associés, — écrivait le *Journal de Trévoux* (2), — huit personnes des plus titrés de la province. Ces Messieurs ne prennent pas même la qualité de protecteurs et d'honoraires ; ils ne veulent être que les collègues et les adjoints de cinquante-quatre citoyens répartis dans les neuf diocèses. Nous ne doutons pas qu'un goût d'égalité, si noble et si approprié aux circonstances, ne produise une grande émulation ».

II

Certaine d'obtenir l'autorisation royale, la Société s'était aussitôt mise à l'œuvre. Dès le lendemain des dernières nomi-

(1) Délibération du mardi 15 février 1757. (Extrait des Registres des Etats de Bretagne).

(2) *Journal de Trevoux,* juin 1757. Art. LXVII des *Nouvelles littéraires.*

nations, c'est-à-dire le 16 février 1757, elle tint sa première séance. Elle ne pouvait d'ailleurs choisir un meilleur moment : les Etats étaient assemblés et la plupart des associés en faisaient partie, enfin toute la province se trouvait réunie à cette occasion.

Dès sa première réunion, elle se mit au travail. Le 10 février 1757, M. de Gournay avait déposé un mémoire à la Commission du Commerce qui en avait fait un rapport aux Etats. La Société d'Agriculture reprit ce travail, dont on trouvera l'analyse plus loin ; elle ne pouvait faire un choix plus judicieux : la haute compétence de l'intendant du commerce en matières économiques, sa situation et son expérience (1) en faisaient un guide sûr en ces matières.

Après s'être réunis chez un des associés, M. de la Landelle, les Etats décidèrent que les réunions auraient lieu « dans l'ancien Hôtel-de-Ville de Rennes qui leur appartenait (2) ».

Nous avons vu que la Société avait pris comme secrétaire général Abeille. Les appointements « sous le titre de gratifications » avaient été primitivement fixés par les Etats à 6,000 livres ; comme le trésorier avait réduit cette somme, le procureur général de la Chalotais écrivit une lettre de recommandation très élogieuse pour Abeille et obtint le rétablissement du crédit qui fut même augmenté. Toutefois, ses appointements furent réduits dans la suite :

« Les Etats de Bretagne firent, dans leur assemblée, un fonds de 8000 liv. à raison de 4000 liv. pour M. Abeille ; cette disposition fut approuvée de MM. les Commissaires du Roi, et le ministre lui a fait avancer 4000 liv. en janvier et mars 1763 ; de ces 4000 liv., trois sont réputées gratifications annuelles et les 1000 liv. restantes sont pour les frais que lui occasionne la place de secrétaire (3). »

Outre la place de secrétaire général, il y avait un autre secrétaire nommé Busson. Cette place étant devenue vacante, « du fond même de son exil, au milieu des préoccupations de tout genre qui l'accablaient, La Chalotais, tout dévoué aux inté-

(1) V. ci-dessus, p. 5, la note 4.
(2) Lettre inédite de la Chalotais.
(3) Arch. dép., ms. *Dict. de l'Administration de Bretagne*, t. I, p. 15.

rêts agricoles de son pays, adressa de Saintes, le 22 mai 1770, la lettre suivante à ses collègues du Parlement :

« MESSIEURS,

« Vous trouverez peut-être singulier qu'ayant autant d'obligations à Nos seigneurs des Etats et des bureaux diocésains et Commissions, je vous demande de nouvelles grâces sans avoir le temps de vous remercier de celles sans nombre que nous avons reçues ; mais je ne puis me refuser, par attachement même pour les Etats, de vous demander votre protection en faveur du s^{r} Thébaut pour la place que le s^{r} Busson laisse vacante — la place de secrétaire de la Société d'Agriculture. — J'ai l'honneur de vous répondre de sa capacité et de sa bonne volonté, et je vous serai personnellement le plus obligé de ce que vous voudrez faire pour luy. Agréez mes actions de grâces de tout ce qu'on a bien voulu faire pour nous. J'ai l'honneur d'être, etc.

« LA CHALOTAIS.

« Saintes, le 22 may 1770. »

Quelques semaines plus tard, les Etats répondent au procureur général par une lettre que nous ne pouvons nous empêcher de citer, car elle nous montre ce que valait une recommandation de la Chalotais en pareil cas :

« *A M. de la Chalotais, procureur général à Saintes, le 14 juillet 1770.*

« MONSIEUR,

« Nous avons reçu en son temps la lettre que vous nous avez fait l'honneur de nous écrire le 22 may dernier. Nous serions très flattés de vous donner quelques preuves du vif intérêt que nous prenons à tout ce qui vous touche ; celui que vous prenez en faveur du s^{r} Thébaut est un témoignage bien expressif en sa faveur ; nous ferons, Monsieur, ce qui dépendra de nous pour vous marquer combien nous sommes sensibles à ce que vous pouvez désirer.

« Nous sommes, etc. (1). »

Dès le 20 mars 1757, le roi, par l'entremise du duc d'Aiguillon, commandant militaire de la province, « jugeant à propos d'autoriser et d'encourager un établissement, que l'expérience pourra conduire à une plus grande perfection ; mais dont l'objet ne peut toujours être que fort utile à ladite Province et à l'Etat, » approuva et confirma la Société par un Brevet. « S'il nous était permis de parler ici au nom de la société en général, — écrivait le *Journal encyclopédique* (2), — quels éloges, quels tributs d'admiration et de reconnaissance ne rendrions-nous pas aujourd'hui aux Etats de Bretagne pour avoir formé un pareil établissement, et au Monarque qui vient de le revêtir de son autorité par un Brevet de confirmation qui mérite d'être rapporté. »

Ce brevet, daté de Versailles du 20 mars 1757, disait entre autre que : « ... Sa Majesté jugeant à propos d'autoriser et d'encourager un établissement que l'expérience pourra conduire à une plus grande perfection ; mais dont l'objet ne peut toujours qu'être fort utile à ladite province et à l'Etat ; Sa Majesté approuve et confirme... »

La suite des événements devait répondre aux espérances qu'avaient fondées les Etats de Bretagne et au vœu formulé par le roi. Aussi, lorsque en 1760 parut le premier volume de ses travaux sous le titre de *Corps d'observations de la Société d'agriculture, de commerce et des arts établie par les Etats de Bretagne*, le roi ne tarda pas à lui accorder des Lettres-Patentes datées de Versailles du mois de janvier 1762, disant : « Les travaux des Associés ont mérité nos suffrages, ceux de la Province, et ceux de tout le Royaume .. Nous ne pouvons donc que déférer à la prière que nous ont fait faire les gens desdits trois Etats d'affermir de plus en plus par notre autorité un Etablissement que nous avons déjà honoré de notre approbation, et que les succès en ont montré digne. » Aussi

(1) L. de Villers, *La Chalotais agriculteur*, p. 11-13

(2) *Journal encyclopédique*, 15 juin 1757.

la Société d'Agriculture se montra-t-elle fière de cette marque de faveur : « La délibération des Etats qui a chargé MM. les Députés et Procureur général syndic en Cour, de solliciter des Lettres-Patentes pour la Société, était l'encouragement le plus flatteur qu'elle pût recevoir. Elle trouve dans ces Lettres-Patentes, que ses travaux ont mérité les suffrages de Sa Majesté, ceux de la Province et de tout le Royaume. C'est la plus glorieuse de toutes les récompenses pour une Compagnie qui n'aspire qu'à se rendre utile, et à qui il n'appartient pas d'apprécier elle-même ses succès (1). »

« Voilà un des plus beaux établissemens qu'on puisse former, — écrivait le *Journal des Sçavants* (2), — puisqu'il tend directement à augmenter la richesse de l'Etat et à rendre le peuple heureux. » Tel fut, en effet, le but que s'était proposé la Société d'Agriculture, Sciences et Arts de Bretagne.

Mais l'orage gronde déjà dans le lointain, la haine et la jalousie habilement entretenues minent sourdement le Pouvoir qui ne conserve plus qu'une vaine apparence de grandeur. « La Société de Bretagne apportera à ces maux — disait le *Journal Economique*, — le remède le plus efficace. Ses dignes membres occupés à éclairer et à guider les conditions inférieures, en consolant ceux dont ils partageront les travaux, apprendront aux autres à juger plus sainement de l'agriculture et des arts, et à ne mépriser que l'orgueil et l'oisiveté. Instruits par leurs propres expériences de la peine, que coûtent, et les trésors qu'on peut tirer du sein de la terre, et l'art de mettre en œuvre les productions de la nature ; ils feront estimer l'état du cultivateur et celui de l'artisan, qui partageront enfin, ainsi que le négociant, cette gloire solide de la prospérité du Royaume .. Tels seront infailliblement les fruits de l'établissement formé par les Etats de Bretagne (3). »

C'est donc au milieu des louanges, des encouragements et des souhaits les plus flatteurs que la Société d'Agriculture apparaissait. « Elle fut la première en son genre et mérita, par l'éclat de son début, que l'empressement général de la

(1) *Corps d'observations*, 1759-60, p. 3.
(2) *Journal des Sçavants*, août 1757, p. 519.
(3) *Journal Economique*, novembre 1757, p. 124.

France à l'imiter, se communiquât à toutes les nations éclairées (1). »

Commencé sous d'aussi heureux auspices, la Société jeta un grand éclat, jusqu'à ce que subissant le contre-coup des événements politiques elle finit par tomber.

Mais laissons-la à son apogée, pour analyser ses travaux ; il sera toujours trop tôt pour arriver à ces pages sombres de l'histoire de notre patrie.

III

« La capitale de la province était désignée comme le centre où devaient se réunir toutes les observations et se répandre dans le public par des mémoires imprimés (2), » qui parurent sous le nom de *Corps d'observations de la Société d'Agriculture, de Commerce et des Arts établie par les Etats de Bretagne*. Cet ouvrage se compose de deux volumes in-8° : le premier, imprimé à Rennes, chez *Jacques Vatar* en 1760, renferme les années 1757 et 1758. Le second et dernier, comprenant les années 1759 et 1760, ne fut imprimé à Paris qu'en 1772, chez la veuve de *B. Brunet*, imprimeur de l'Académie Française. Ces deux volumes sont illustrés de fines gravures sur cuivre, dont quelques-unes hors texte. Presque toutes eurent pour auteur *Abeille Fontaine* et les graveurs furent : pour le premier, *C. Baquoy*, et dans le second, *C.-H. Watelet* (3). On y remar-

(1) Arch. départ. C. 1597.

(2) *Journal Economique*, 1757, *passim*.

(3) Graveurs célèbres du XVIIIe siècle ; Jean-Claude Baquoy, graveur au burin fils de Maurice Baquoy, né à Paris le 16 juin 1721, mourut le 24 février 1777. Il signait : C. Baquoy. — Watelet (Claude-Henri), peintre amateur et graveur à l'eau forte, né à Paris en 1718, mort en 1786. Voir le *Manuel de l'Amateur d'Estampes*, par Ch. le Blanc, t. I, p. 138 et t. IV, p. 179.

quera, entre autre, une jolie allégorie sur l'agriculture et un curieux en-tête représentant la Bourse de Nantes (1). En dehors du format ci-dessus, il en existe un autre fort rare, croyons-nous, in-8° grand papier (2), Enfin, indépendamment de ceux-ci, les Etats de Bretagne firent tirer un grand nombre d'exemplaires renfermant les Statuts et la liste des Membres de la Société, sorte de prospectus qui, sous le nom de Mémoire de la Société d'Agriculture, de Commerce et des Arts, etc., fut envoyée dans tout le Royaume (3).

Le *Corps d'observations* de 1757-58 commence par un Avertissement, « dont le principal objet est d'inviter les Citoyens à grossir le dépôt de la Société par des observations sur le bien qu'on peut faire, par des instructions sur la nature des difficultés qui arrêtent les personnes qui cherchent à se rendre utile et par des vues sur les moyens d'augmenter notre culture, nos arts et notre commerce. »

Puis il indique le but de l'ouvrage : « Le *Corps d'observations* est moins une suite d'instructions qu'une suite d'invitations qui porteront ceux qui peuvent aider leur patrie à ne pas lui refuser leur concours. » Viennent ensuite des *Extraits des Registres des Etats de Bretagne*, que nous avons cités au début de ce travail, relatifs à l'établissement de la Société. Le volume continue par « l'examen des observations que M. de Gournay, Intendant du commerce, a faites dans la province sur l'agriculture, le commerce et les arts » avec « les réflexions — de la Commission du commerce, — sur les objets proposés par ce compatriote éclairé. »

Les questions traitées nous ont paru trop importantes pour ne pas mentionner au moins en partie ce rapport. D'un côté, il nous montrera quelles étaient les entraves qui empêchaient le commerce de se développer, et de l'autre, les remèdes proposés par l'intendant du commerce, Vincent de Gournay, un des plus habiles économistes de ce siècle et dont on a pu dire avec raison : « Dans la vie privée, attentif

(1) *Corps d'observations* de 1757-58, p. 215.

(2) Bibliothèque de M. A. de la Borderie, de l'Institut. Voir le Bulletin de la *Société des Bibliophiles Bretons*, séance du 28 mai 1897.

(3) *Archives départ. d'Ille-et-Vilaine.*

à rendre heureux tout ce qui l'environnait ; dans la vie publique, uniquement occupé des prospérités et de la gloire de sa patrie, et du bonheur de l'humanité (1). » Encourager les arts, perfectionner les manufactures, dégrever l'agriculture, abolir les maîtrises et les jurandes, la simplification des formalités en matières commerciales ; tels sont, en résumé, les réformes qu'il s'était proposé d'établir.

Le rapport particulier de la Commission du commerce était développé avec les réflexions de la Société, dans les articles préliminaires, nous analyserons à cet endroit ce rapport afin d'éviter une répétition.

Après avoir publié une nouvelle liste d'associés (2), ainsi que le brevet du Roi, l'ouvrage arrive à un très long chapitre de 62 pages, intitulé : *Observations préliminaires*. C'est pour ainsi dire une seconde préface.

Indiquant d'abord la nécessité d'une « Société consacrée à l'agriculture, aux arts et au commerce qui serait partout l'établissement le plus utile, le plus propre à fortifier les sources de l'aisance publique. Il était digne des Etats de Bretagne, de donner cet exemple à la France, ou plutôt de lui fournir ce nouveau secours ; secours d'autant plus puissant qu'il tend à développer le germe de toutes les richesses, et par conséquent à multiplier les forces de la nation ». L'Angleterre, le Danemark, la Suisse, l'Italie, nous ont devancés sur cet objet ; la France s'est laissée « éblouir par le succès de ses manufactures ; par l'étendue de son commerce extérieur ; l'agriculture, qui seule pouvait soutenir ces manufactures, ce commerce, a été négligée ».

Notre commerce subit une concurrence ruineuse de la part des Anglais, « rivaux les plus dangereux que la France aura jamais en matière commerciale. »

Nos toiles à voiles, par exemple, « auxquelles ils conservent le nom de *Noyales*, qui est si propre en effet à réveiller notre attention sur nos pertes (3), nos fils blancs et nos fils teints,

(1) *Mercure de France*, 1759, t. III, p. 210.

(2) V. p. 323.

(3) *Toiles de Noyales*, on appelle ainsi les toiles fabriquées dans cette commune (Noyal-sur-Vilaine) par tous les fermiers. Chacun d'eux, pour ainsi dire,

connus sous le nom de *fils de Bretagne*, tous ces produits sont désormais fabriqués en Angleterre. Il en est ainsi pour les autres branches de notre commerce ; aussi la nécessité d'une société d'agriculture, des arts et du commerce s'imposait... »

C'est par l'agriculture que commencera le *Corps d'observations;* « mais, avant de présenter un corps d'observations, la Société rendra compte aux Etats de l'attention qu'elle a donnée aux objets qu'ils ont cru devoir encourager plus particulièrement. Elle va rassembler sous quelques articles, des délibérations du 10 février 1757, des faits qui peuvent contribuer à assurer le succès des dispositions bienfaisantes de la province. »

« ART. I. — Ecoles publiques de dessins. — Les Etats créèrent deux écoles de dessins, l'une à Rennes, l'autre à Nantes. Aux appointements de 500 livres par an. Ces écoles furent mises sous l'inspection de la Société d'agriculture. L'école de Rennes en 1758, comprenait cent élèves, celle de Nantes 250 ; une école semblable fut ensuite établie à Saint-Malo.

ART. II. — Manufactures de voiles : imitation de celles de Hollande. — Les Etats accordent un prix de 300 liv. et un autre de 200. La Société a fait venir des échantillons de toile de Hollande et de Rouen, n'en trouvant ni à Rennes ni à Nantes.

ART. III. — Manufactures de papiers.

ART. IV. — Manufactures de couvertures de laines de Quimperlé. — Les Etats accordent une somme de 1000 liv. au sieur de Kermorvan, pour son établissement ; en outre, il lui sera accordé 500 liv, en 1757 et pareille somme en 1758, à condition qu'il prouvera avoir formé chaque année dans sa manufacture, six élèves choisis dans les hôpitaux de l'évêché de Quimper, par MM. de la Société des Arts.

La Société est avertie par un anonyme que la manufacture de Quimperlé n'est pas plus florissante depuis la gratification

cultivait autrefois le chanvre, et la famille consacrait les loisirs d'hiver à le filer et à le tisser. Ces toiles rurales, que la marine recherchait naguère encore, à cause de leur grande résistance et de leur facilité à abandonner les eaux pluviales, sont en ce moment presque annulées par la concurrence des machines à filer et à tisser. La perte de cette industrie, qui alimentait le marché de Rennes, sera irréparable pour le pays. — *Dictionnaire de Bretagne*, d'Ogée, T. II. p. 250.

des Etats. La Société a fait une enquête et n'a trouvé, en fait d'ouvrier, qu'un enfant et une seule couverture commencée.

Art. V. — Prairies artificielles. — Culture de la garence et du pastel. Commerce de la cire et du miel. — Le procureur-général syndic en Bretagne, est chargé par les Etats de se procurer des mémoires et des instructions sur les objets ci-dessus, de les faire imprimer aux frais de la compagnie, et la Société d'agriculture sera chargée de la distribuer dans la province.

La Société rend compte des expériences de MM. de la Chalotais et de Montluc. M. de la Chalotais a obtenu en 1758 des navets de deux pieds de tour et du poids de 5 et souvent 6 livres. En revanche, MM. de la Chalotais et de Nevet n'ont pas réussi avec les racines de garence.

Art. VI. — Drap de Vannes et de Josselin. — Les Etats décident qu'un échantillon des draps de Lodève et d'Elbeuf, seront déposés dans chacune de ces villes, et qu'une récompense de 10 liv. par pièce sera accordée à tous les fabricants de la province qui auront bien imité le modèle.

Sur ce chapitre, la Société décide que des encouragements doivent être donnés aux peigneurs et aux fileurs des manufactures de draps, car ce sont ces deux préparations qui manquent.

Art. VII. — Métiers à deux navettes. — Les Etats, sur les offres faites par M. du Sel des Monts, d'instruire dans sa fabrique chaque année trois jeunes garçons pris à l'hôpital, auxquels on donnera un métier à deux navettes, sur le modèle de celui de M. le recteur de Saint-Mathieu de Morlaix, ordonnent qu'il sera fourni un métier à chacun d'eux.

La Société n'a eu aucune connaissance qu'il se soit formé des élèves à Rennes ou à Morlaix.

Art. VIII. — Rétablissement de la fabrique d'étamines d'Ancenis. — Les Etats accordent un prix de 50 liv.

Les associés du bureau de Nantes font savoir que, malgré les encouragements des Etats, cette branche de commerce ne fonctionne pas.

Art. IX. — Rouet à filer des deux mains à la fois de la D[lle] Vindack. — Les Etats accordent une récompense de 24 liv.

par élève à ladite demoiselle, avec un rouet pour chacune, jusqu'à concurrence de 12.

La Société nous apprend que la D[lle] Vindack n'a pas formé d'élèves.

Art. X. — Impression sur toiles de lin. — Les Etats chargent leurs députés de faire des représentations pressantes, pour obtenir la permission d'imprimer sur le lin.

La Société insiste pour que l'on obtienne cette permission.

Art. XI. — Chapeaux de Castor. — Les Etats promettent des récompenses de 4 % aux ouvriers qui feraient dans la province des chapeaux de castor.

La Société trouve que nos fabriques auraient bien de la peine à lutter contre la concurrence de celles de Paris, Lyon et de Rouen.

Art. XII. — Mines de charbon de terre, « qui abondent (?) dans cette province, suppléeraient au bois qui commence à manquer. » — Les Etats chargent leurs députés de demander la suppression des privilèges accordés à ce sujet, comme contraires à la coutume.

Art. XIII. — Recherche des pierres à moulage. — Les Etats promettent une récompense de 2000 liv. à celui qui aura tiré dans la province, les 100 premières paires de meules reconnues bonnes, et 1000 liv. pour la seconde centaine.

La Société propose aux Etats de faire faire deux paires de meules avec la pierre envoyée par M. le Brigand, Procureur fiscal de Pontrieux.

Art. XIV. — Culture du lin ; avantages de se servir de graines étrangères. — Les Etats font un fonds de 6.000 liv. pour faire venir de la graine de lin de Riga et de Zélande, pour être distribuée sous la surveillance des Commissaires d'agriculture, dans les évêchés de Rennes, Nantes, Vannes et Quimper, et dans la partie méridionale de celui de Saint-Malo.

Les froids rigoureux de 1758 ont fait périr le lin, entre autre celui de Bécherel ; les graines étrangères distribuées par les Etats ont résisté et ont donné du lin supérieur. M. de la Chalotais doit répéter l'expérience.

Art. XV. — Farines. — Les farines de Bretagne ne se vendent point. — Les Etats promettent des récompenses à ceux qui produiront des farines semblables à celles de Nérac.

La Société n'a reçu aucun avis de la fondation d'établissements semblables.

Art. XVI. — Pierre à chaux. Récompense promise à ceux qui découvriront de nouvelles carrières de pierre à chaux.

Toutes les recherches des membres de la Société sur cet objet ont été infructueuses.

Art. XVII. — Achat de modèles et de graines.

La Société vote des remerciements à MM. de la Chalotais et de Quélen pour leur zèle et leur activité.

Art. XVIII. — Pêche du hareng. — Les Etats, pour encourager la pêche du hareng, chargent leurs députés de demander au Conseil la franchise de tous les droits sur cette pêche pour la Province.

Art. XIX. — Commerce du Levant. — Les Etats chargent leurs députés de faire les plus vives instances pour obtenir l'exemption du droit de 20 0/0 sur les marchandises qui seront apportées du Levant dans la province. La Société pense que le bien de la province et celui du royaume tout entier est attaché à ce que les Etats prennent une nouvelle délibération conforme à celle du 10 février 1757, au sujet de l'objection fondée sur le défaut de lazaret, afin d'obtenir la liberté de commerce avec le Levant.

Art. XX. — Manufacture d'étoffes de laines d'Angleterre. — Les Etats accordent des récompenses au sieur Macaulif pour son établissement. Le résultat a été nul, dit la Société, la division s'étant mise avec le sieur Macaulif et ses associés.

Art. XXII (*sic*). — Les raffineries de sucre de la province, qui faisaient autrefois une branche considérable de commerce, sont presque entièrement tombées par les droits dont on a chargé les sucres qui s'y raffinent; c'est une injustice envers les raffineurs et une perte pour la province...

Sur le vingt-deuxième article, les Etats chargent leurs députés et Procureur-général-syndic à la Cour, de solliciter pour et en faveur des raffineries de Bretagne : 1° La liberté d'envoyer, tant dans les pays étrangers que dans les provinces de France réputées étrangères, les sucres qui s'y fabriquent, par acquit à caution, comme le font les raffineries de Dieppe, Rouen, Bordeaux, la Rochelle et Cette ; 2° la jouissance, pour les sucres raffinés de la province, dont la matière proviendra de la Traite des Noirs, de l'exemption de la moitié des droits sur toutes les marchandises qui en proviennent; 3° la réduction des droits des sucres raffinés au taux de ceux du sucre brut qu'ils représentent, c'est-à-dire à raison de 68 liv. 2 sols le millier; 4° la liberté de faire entrer les sucres raffinés par tous les Bureaux du royaume.

D'après le mémoire concernant les fabriques et le commerce des toiles, qui est l'œuvre du sieur de Coisy, Inspecteur général de ces manufactures, ses appointements, ainsi que ceux des quatre inspecteurs, de plusieurs commis, et les frais de bureau sont supportés par les marchands et les fabricants de la province. Une partie de ces droits se lève sur les toiles, en les visitant et en les marquant; l'autre partie, qui est de 4.200 liv., est levée par forme d'imposition tant sur les marchands... que sur les fabricants. Cette somme est répartie par Ordonnance de M. l'intendant. Il nous a paru avantageux pour le commerce, de proposer aux Etats de se charger de payer cette somme de 4.200 liv., laquelle est, pour ceux qui la supportent aujourd'hui, une source de plaintes amères et de découragements. Nous avons pensé différemment sur les droits de visite et de marque sur les toiles. Ces droits ont été établis depuis peu en créant les Inspecteurs des manufactures. Si l'inspection est utile, il n'est pas douteux qu'elle sera plus exacte quand les appointements des inspecteurs dépendront de l'exercice de leur emploi; mais s'il est inutile..., ne pourrions-nous pas espérer que la Cour, en supprimant les employés, éteindrait des droits établis pour former leurs appointements.

Sur le vingt-troisième article, les Etats ordonnent... que pour décharger les marchands de draps, soierie et mercerie de la province, ainsi que les fabriquants, de la somme de 4.200 liv., il sera fait un fonds dans la présente Tenue, de la somme de 8.400 liv. à raison de 4.200 liv. pour les années 1757 et 1758, pour et au profit du sieur de Coisy et autres..., somme dont les marchands et fabriquants sont entièrement déchargés pour les mêmes années 1757 et 1758.

Sur le vingt-quatrième article, les Etats ont exemptés et exemptent pendant vingt ans de toutes impositions réelles, les terres nouvellement défrichées, et l'on demandera qu'elles ne soient point aussi sujettes à la dixme pendant le même espace de temps.

Les Etats ont accordé à la manufacture de M. du Sel des Monts l'encouragement proposé par la Commission, d'un sol par mouchoir, d'un sol par aune d'étoffe de trois quarts de lé et au-dessous, et de deux sols par aune au-dessus de trois quarts de lé.

Les Etats ont accordé aussi sur le vingt-neuvième article à différentes Communautés (1), pour le rétablissement de leur part, la somme de 118.000 liv. sous la direction de M. Magin.

Sur le trente-deuxième article, les Etats décident que les habitants de Bourgneuf devront appeler M. Magin pour statuer sur leurs réclamations.

Sur le trente-troisième article, les Etats chargent M. Magin d'inspecter les ports d'Hennebont, Rhedon, Paimpol et la Rochebernard.

Et finalement, les Etats chargent la Commission du Commerce d'extraire de ce Mémoire les parties qui lui paraîtront le plus nécessaires pour le public, pour les faire imprimer et distribuer aux frais des Etats ».

Après ces préliminaires, nous entrons dans le Corps d'Observations qui embrasse trois grandes divisions : l'Agriculture, le Commerce et les Arts.

La première question traitée dans l'Agriculture est celle des prairies artificielles, et du trèfle en particulier. Nous y relatons les expériences de MM. de Pontual, de Nevet, de Montluc et surtout du procureur-général de La Chalotais. Ce dernier se signala tout particulièrement par son zèle pour les progrès de l'agriculture, transformant en fermes modèles ses deux châteaux du Plessis-en-Vern (2) et de Caradeuc (3) dans la commune de Bécherel.

(1) Municipalités

(2) Situé sur la lisière du bois de Seunes, le château du Plessix appartenait en 1420, à Honoré de Montbourcher, dame dudit lieu, puis passa successivement aux familles de Lorgeril, du Chastelier et de Caradeuc. Dans le sanctuaire de l'église de Vern, on voyait naguère plusieurs pierres tombales : c'était celles d'Anne de Rahier, femme du Procureur-général, de son frère ainé et d'un de ses fils. Quant à La Chalotais, on sait qu'il fut enterré à Rennes, paroisse Saint-Jean. (Voir *Les funérailles de La Chalotais*, par L. de Villers, t. XXIII des *Mém. de la Société d'Archéol. d'Ille-et-Vilaine*).

(3) A un quart de lieue environ de Bécherel, mais faisant partie déjà du

« La Bretagne manquait de fourrage, et cette disette pro-
« venait du manque absolu de prairies naturelles. La Chalotais « porta d'abord toute son attention sur cet objet, cherchant « les plantes et le mode de culture les plus convenables à la « formation des prairies artificielles. Il jeta les yeux sur le « trèfle, qu'on ne cultivait point alors. Il chercha aussitôt la « meilleure manière de le cultiver, « s'informant des moyens « qu'on emploie en Normandie pour dégager la graine de la « capsule. » Alors il « forma vingt journaux de prairies arti- « ficielles de trèfle ». Les premiers essais ne furent pas toujours « très heureux ; ainsi lorsqu'il cultive « le trèfle en rayons « pour essayer si cette plante, comme beaucoup d'autres, ne « donnerait pas un plus grand produit », La Chalotais ne voit « pas ses efforts couronnés de succès. Il ne se décourage pas « et change sa manière ; et bientôt « les laboureurs accoutu- « més à voir le trèfle sans culture, l'ont à peine reconnu « lorsqu'ils en ont vu des prairies entières. Des tiges longues, « fortes ; des feuilles larges, charnues ; un fourrage abondant « et serré, leur donnaient un spectacle nouveau et bien propre « à exciter leurs désirs. Ce spectacle a fait l'impression qu'on « devait en attendre. Les laboureurs des environs de Rennes, « éclairés par l'exemple de M. de la Chalotais, procureur « général..., ont cherché à se procurer la graine d'une plante « si féconde ». Malheureusement un accident, arrivé à Bé- « cherel, faillit faire tout manquer : « une vache, entrant « dans le terrain mis en expérience, mangea une si grande « quantité de trèfle qu'elle mourut le lendemain, et M. de « la Chalotais eut toutes les peines du monde à engager « un de ses fermiers à cultiver cette plante. » Cet événe- « ment n'eut pas de suite et les craintes de voir « ce canton « privé pour jamais de cet excellent fourrage » ne se réa- « lisèrent pas. La plupart des landes furent défrichées, et, « de nos jours, en voyant ces beaux champs de trèfle, on

département des Côtes-du-Nord, se trouve le château de Caradeuc, entouré de bois séculaires, posé sur une éminence plus élevée que celle de Bécherel. La seigneurie de Caradeuc fut érigée en marquisat par lettres patentes du mois de décembre 1772, enregistrées au Parlement de Bretagne le 28 décembre de la même année. (Voir le *Marquisat de Caradeuc*, par L. de Villers, *Revue de Bretagne, Vendée et Anjou*, t. XIV, p. 99, — 1895).

« ignore que c'est au procureur général de la Chalotais qu'on « le doit (1) ».

Si la culture du trèfle est le « moyen le plus propre à procurer un bien désirable — lisons-nous dans le Corps d'Observations (2) — parce qu'elle n'exige aucune dépense et qu'elle est à la portée du laboureur le moins intelligent, il serait peut-être encore plus utile de cultiver la luzerne ».

Les expériences que M. de la Chalotais avait faites sur la culture de cette plante lui avaient produit « un effet contraire à celui du trèfle ». M. de Laurencin, qui « s'occupait depuis dix ans de cette plante, était presque rebuté ». On avait eu le tort jusqu'ici de la semer « à terre perdue ». Mais « au commencement de mai 1758, MM. de la Chalotais et de Montluc s'avisèrent de la cultiver en rayons », ils eurent alors de très belles récoltes. « Ces expériences justifient la persévérance avec laquelle M. Duhamel recommande de cultiver la luzerne en rayons. Il a marqué à un des membres de la Société qu'en 1757, chaque arpent (c'est un peu moins qu'un journal en Bretagne) lui avait donné 20 milliers de foin. Une récolte si prodigieuse semble décider en faveur de la culture en rayons ou par rangées. »

Continuant à passer en revue les diverses plantes nécessaires pour former des prairies artificielles, « la Société eût bien désiré de pouvoir cultiver le *ray-grass.* » Cette plante, sur laquelle on n'avait alors que de vagues indications, était cultivée principalement en Angleterre. « Pour lever toute difficulté, la Société a fait demander de la graine de ray-grass à Londres. La guerre pouvant retarder cette commission, on a écrit en même temps en Franche-Comté, où M. Miroudot de Saint-Ferjeux en a introduit la culture. » Enfin, quelques associés ont « fait venir de la graine de sainfoin. A peine en a-t-on fait usage dans cette province ».

En résumé, la Société préconise avec raison les prairies artificielles. Elle insiste surtout sur la culture du trèfle. « La province pourrait faire distribuer gratuitement huit livres de graines dans celles où cette culture n'est pas connue. »

(1) *La Chalotais, agriculteur,* loc. cit.
(2) *Corps d'observations* de 1757-58, p. 93.

Sur les représentations de la Société, les Etats firent un fonds de 3.000 liv., le 17 février 1759, destiné à acheter de la graine de trêfle pour être distribuée gratuitement dans la province.

Ayant traité de la culture des turneps ou gros navets d'Angleterre, dont MM. de Montluc et de la Chalotais obtinrent des spécimens ayant de 22 à 24 pouces de tour, d'après la méthode de M. Le Brigant, recteur de Plouezoc'h, la Société examine les causes de la décadence de l'Agriculture, d'après MM. Le Nevet et Rolier. Comme nous retrouverons les mêmes motifs dans le second volume, nous nous contenterons de dire que d'après l'abbé Royan, recteur de Trébrivant, « la cause générale est le peu de soin qu'on a des prairies naturelles, et le défaut de prairies artificielles. » Après avoir parlé de la liberté d'exporter les grains et de leur culture selon les observations de MM. Baudoin, de Dol, Blanchet, de la Chalotais, de la Bourdonnaye et de Sécillon, nous arrivons à la culture du lin et du chanvre, si importante pour notre province : « Le chanvre a été toujours pour la Bretagne un objet de culture et de commerce considérables. La multitude de ses ports entraine une consommation immense de gros cordages ou manœuvres de toute espèce, en toiles à voiles (1) ». M. de la Chalotais cultiva cette plante avec succès, et « le chanvre de Vern était réputé fournir la meilleure qualité (2) ». Mais bientôt cette culture menaça de dégénérer : « pour prévenir ce danger, M. de la Chalotais fit distribuer gratuitement au printemps 1757, 200 boisseaux de graine de chanvre aux paysans les moins riches.... Ce bienfait ranima la culture (3). » Quant au lin, « le canton de Bécherel en faisait particulièrement une récolte considérable. » Sous la rubrique d' « Economie rustique » cette division comprend la culture des bois en général — traitée à nouveau au volume de 1759-60, — de l'essai de l'acclimatation du murier et des vers-à-soie, enfin du gouvernement des abeilles. Un abus — qui existe encore chez nos paysans, — était de tuer les abeilles, soit par l'eau

(1) Arch. dép. C, *Commission intermédiaire.*

(2) *Corps d'observations* de 1757-58, p. 140.

(3) *Ibid.*, p. 141.

ou par le soufre afin de prendre la cire. Frappé de cet inconvénient, M. de la Bourdonnaye, procureur général, syndic, écrivit « à M. de Réaumur, pour lui demander des instructions à ce sujet (1) ». L'illustre académicien lui indiqua une ruche inventée par M. de Gelieu, mais comme elle ne satisfaisait pas toutes les conditions exigées, « M. de Nevet prit le parti d'en demander une à M. de Réaumur lui-même ; il la reçut et l'envoya à la Société (2) ». Aussitôt M. de la Chalotais fit placer 50 ruches de ce modèle dans le jardin de sa terre de Vern, et M. Abeille imita son exemple « dans un des faubourgs de Rennes ».

Dans la partie consacrée aux arts, nous remarquons notamment un semoir de M. Blanchet, une herse inventée par M. le comte de Bruc, un modèle de moulin à huile par MM. de Montluc et de Kergariou.

Enfin la dernière division de l'ouvrage est consacrée au commerce. Elle traite des différentes sortes de pêches et en particulier de la pêche à la sardine dont MM. Le Breton de Pontneuf et Perron se font les défenseurs. « La pêche de la sardine est d'un produit si considérable — sur les côtes bretonnes — qu'il est peut-être superflu d'exposer les bénéfices qu'en retire la province. Cependant, il peut devenir utile de répéter qu'en général on en fait monter le produit à plus de deux millions. Le Croisic, qui n'y emploie que trente bateaux, en retire au moins vingt mille écus chaque année. La pêche de Port-Louis produit, année commune, plus de quatre cens mille liv. Celle de Belle-Isle et de Concarneau n'est pas moins considérable ; et l'on pêche avec le même succès à Douarnenez et à Camaret. Au reste, le Port-Louis seul occupe treize cens pêcheurs, et fait subsister plus de dix-huit cens personnes employés aux salaisons (3). » Inutile d'insister sur les avantages de cette pêche, dit M. Trévédy (4), ce que la Société

(1) *Corps d'observations* de 1757-58, p. 157.

(2) *Ibid.*, p. 158.

(3) *Ibid.*, p. 216.

(4) *La pêche à la sardine en Bretagne au dernier siècle*, par M. J. Trévédy, ancien président du Tribunal de Quimper, p. 12, 17 et 18. — Saint-Brieuc, L. et R. Prud'homme, 1888.

veut mettre en lumière, ce sont « les gênes qui en arrêtent les progrès et les abus qui s'y sont glissés »; gênes et abus « d'autant plus dangereux que leur concours tend à ruiner la pêche de la sardine et à détruire les autres pêches sur les côtes bretonnes ». Pour les abus, il s'agit de l'appât employé : les pêcheurs se servent surtout de *gueldre* ou encore de *menue* « composée de toutes sortes de poissons aussi petits qu'une lentille », ce qui entraîne la destruction du frai dans les rivières qui descendent à la mer. Il faut empêcher les pêcheurs d'acheter de la gueldre par « une rigoureuse application de l'amende de 300 liv. édictée par l'ordonnance (de 1681) ». Mais les pêcheurs sont indigents et « à l'abri des peines pécuniaires ; il est donc indispensable de recourir aux peines personnelles ». Il est fâcheux sans doute « de sévir contre des malheureux qui cesseraient de se rendre coupables si on pouvait les arracher à leur indigence », mais « l'intérêt public doit passer avant l'intérêt privé. » La Société propose donc de solliciter « une déclaration du Roi défendant de pêcher le frai sous peine de prison pour la première fois et d'une peine plus grande en cas de récidive ». Quant aux gênes « elles découlent toutes d'un droit établi sur l'huile que les presseurs expriment de la sardine ». La Société exprime le vœu « que les Etats sollicitent la suppression du droit de 6 deniers, établi sur les huiles, grâce qui paraît d'autant moins difficile à obtenir que la perception de ce droit contredit l'exemption accordée sur les huiles provenant d'autres pêches ».

Après avoir traité cette question, le Corps d'Observations arrive à la fabrication des toiles. Depuis un temps immémorial, on fabriquait aux environs de Rennes une toile fort renommée; malheureusement, grâce à la concurrence de l'Angleterre, notre industrie n'avait plus la même importance; la Société propose d'instituer des prix pour la ranimer et d'attirer des artistes étrangers.

« On peut ranger dans la même classe [illegible] fabriques de coutils, puisque ces étoffes sont de fils de lin ou de fil de chanvre. Il s'en est formé une manufacture assez considérable près de Rennes. Ce sont des laboureurs, leurs femmes, leurs domestiques, les journaliers, enfin tout le peuple de quelques paroisses qui y travaillent. C'est particulièrement dans celles de

Melesse, de Montreuil-le-Gast, de Saint-Germain, que cette industrie s'est introduite et soutenue d'elle-même... La seule paroisse de Melesse contient, dit-on, de trois à quatre cens tisserands (1). » La Société serait d'avis d'assurer des prix aux fabricants qui imiteraient les coutils de Hollande, car ceux-ci « se vendent 3 liv. 12 s. l'aune, en trois quarts de lé, ceux des environs de Rennes, réduits au même lé, ne se vendent au plus haut prix que 45 s. »

Une autre manufacture « dispersée » qui ne paraît pas moins digne de protection, est celle « des fabriquans de mouchoirs de fil qui se sont établis dans les fauxbourgs de la ville... Les manufactures de cette espèce méritent d'autant plus protection, que celles de Cholet inondent la province de leurs ouvrages (2) ».

Après les fabriques qui consomment nos lins et nos chanvres, « les plus importantes sont celles qui emploient nos laines. Elles sont plus nombreuses qu'on le croit communément... Il est vrai que nous n'exportons point nos ouvrages de laine ; mais ils opposent une barrière à l'importation. On ne peut se dissimuler qu'il seroit avantageux de joindre à ces petites fabriques des manufactures assez considérables pour disputer la concurrence à celles d'Elbœuf et de Louviers. Un fabriquant d'Elbœuf, le sieur H., offre de former un établissement en Bretagne (3) ; mais le bureau trouve les conditions demandées par l'industriel « excessives ». Aussi l'avis de la Société fut « de rejeter la proposition du s[r] H. et de son frère » s'ils maintenaient leurs exigences.

Le s[r] la Rouvière, bonnetier ordinaire du roi, offrit d'établir une manufacture d'un autre genre en Bretagne : de fabriquer des étoffes avec une plante nommée *ouate* ou *houette*, selon un procédé pour lequel « il demandait une pension ou gratification honnête (4) ». La Société, lui ayant demandé de préciser sa demande, n'obtint aucune réponse.

« Une espèce de fabrication qu'on pourrait encourager dans

(1) *Corps d'observations* de 1758-59, p. 247 et suiv.
(2) *Ibid.*, p. 250-252.
(3) *Ibid.*, p. 252-254.
(4) *Ibid.*, p. 265.

la province, est la fabrication des papiers bleus et violets servant à envelopper le sucre, et qui nous viennent de Hollande. Toutefois, la Société pense qu'il n'est pas temps de songer à des encouragements sur cette partie (1). »

Une autre denrée nous venait aussi de la Hollande : les huiles de lin et de chanvre, « d'autant que nous avons une double perte : nous vendons nos graines à très bon marché aux hollandais, et nous achetons ensuite fort cher les huiles qu'ils en ont exprimées. La protection des Etats suffirait, sans encouragement, pour multiplier ce genre d'industrie. » La Société demande l'abolition des privilèges exclusifs « dont le fruit ordinaire est la destruction de l'industrie ». La province pourrait même se flatter « d'arrêter par ce moyen les importations de résine qui se font en Bretagne. Il en entre par le seul port de Rhedon de 8 à 900 milliers par an (2) ».

En multipliant les huiles, on pourrait établir en Bretagne des manufactures de savons. « On en fabrique à Nantes, et à Rennes les Religieuses de la Trinité en font (3). »

La Société désirait voir une manufacture de glaces, « mais les actionnaires de la Compagnie de Saint-Gobain et de Tourlaville sont parvenus à faire renouveler leur privilège exclusif, malgré les obstacles multiples qu'ils ont rencontrés (4). »

Enfin, le premier volume se termine par un article sur les cires et les bougies. La province retirerait de grands avantages si elle pouvait « augmenter et perfectionner nos fabriques de bougies. M. le marquis de Grenedan a donné un Mémoire sur ce sujet. Le commerce a passé tout entier au Mans. Pour rappeler, s'il est possible, une fabrique qui nous a presque entièrement échappé, M. de Grenedan propose de réduire à une seule manufacture dans chaque ville, les ateliers des différents ciriers. La province leur avanceroit 12 ou 15.000 liv.... Les Etats donneraient deux prix chaque année, l'un de cinq, l'autre de 300 liv. aux ciriers qui se distingue-

(1) *Corps d'observations* de 1758-59, p. 269.

(2) *Ibid.*, p. 275. — Pour l'éclairage en Bretagne, voir les *Mém. de la Société archéol. d'Ille-et-Vilaine*, années 1844-57, p. 32; curieuses recherches de MM. de Blois et Aussant à ce sujet.

(3) *Ibid.*, p. 278.

(4) *Ibid.*, p. 279.

raient... Si les ciriers bretons peuvent devenir les fournisseurs des colonies, ils reprendront insensiblement leur ancien commerce. Mais pour parvenir à un but si désirable, il faut que ces fabriques soient délivrées des entraves que leur causent leurs statuts (1) », que doivent demander les Etats.

En composant ce volume « dont on ne voit encore que l'esquisse », la Société n'a aspiré « qu'au bonheur de faire prospérer les vues de bienfaisance qui sont le principe de son institution ».

Le second volume du Corps d'Observations de la Société d'agriculture, comprenant les années 1759 et 1760, parut en 1772 chez la veuve B. Brunet, à Paris. Mais il fut décidé qu'à « l'avenir l'ouvrage ne serait imprimé qu'en Bretagne (2) ». Ce désir des Etats ne devait point se réaliser : le second volume fut le dernier.

La même division est observée ici que dans le Tome Ier : l'Agriculture, les Arts et le Commerce. Il commence par les Lettres patentes accordées par le Roi en 1762 à la Société, puis, après quelques considérations générales sur l'agriculture, on trouve un long chapitre sur les prairies artificielles. Il ne faut pas s'étonner de voir cette question précédemment traitée revenir dans ce volume : « La Société a regardé les prairies artificielles comme un agent essentiel et même unique pour notre agriculture (3). » Après avoir indiqué les différentes manières de les composer avec le trèfle, la luzerne, le fromental et le ray-gras, et relaté les expériences de MM. de Montluc, Baudouin, la Chalotais, Armez, etc., la Société entreprend le dénombrement des plantes qui sont dans les environs de Rennes par M. de Livoys et le Marquis de Langle. « Le beurre de la Prévalaye étant le meilleur de la province et peut-être du royaume, détermina M. de Livoys à décomposer une des meilleures prairies de la Prévalaye (4). » On sait que ce beurre mérita, en 1598, le

(1) *Corps d'observations* de 1757-1758, p. 283.

(2) Délibération du samedi 13 nov. 1762. — Les Etats décidèrent d'accorder 2.089 fr. pour frais d'impression du Corps d'observations, lesquels seront paiés à Jean Vatar, mandataire de la veuve Brunet, libraire à Paris, ordonnant néanmoins qu'à l'avenir ledit Corps d'Observations ne pourra être imprimé qu'en Bretagne. — Ms. de la Tenue des Etats, p. 175. Arch. municipales de Rennes.

(3) *Corps d'Observations de la Société d'agriculture*, 1759-1760, p. 9.

(4) *Ibid.*, p. 78.

suffrage du bon roi Henri IV, qui disait qu'il fallait trois choses pour être heureux : Etre bourgeois de Vitré, Conseiller au Parlement de Rennes et marquis du beurre frais. — L'article suivant est consacré aux Turneps et Navets selon la méthode de M. de la Chalotais. Une grande partie des habitants de nos campagnes se nourrissaient de pommes de terre dites « patates », mais on ne les cultivait pas en grand (1). La Société d'agriculture engagea fortement ses Associés à cultiver « les patates ou trufes rouges ». Le sieur Rozaire est le premier qui en ait eu aux environs de Rennes ; MM. de la Chalotais, Blanchet et Faiguet de Villeneuve se livrèrent à des expériences dans leurs différentes propriétés.

Ayant traité de la nature des terres, la Société en vient au chapitre des Observations météorologiques. « Le bon effet des méthodes connues dépendent si étroitement de la vicissitude des saisons, que la Société a cru devoir se charger de faire jour par jour des observations météorologiques. » Les instruments furent exécutés sous la direction de M. l'abbé Nollet, de l'Académie royale des Sciences. Ces observations, commencées le 1er mai 1760, vont jusqu'au 31 décembre de la même année. Malheureusement, la Société ne put avoir un pluviomètre : « Depuis plus de 15 mois, l'ouvrier chargé de faire le bassin destiné à recevoir l'eau, s'excuse sous différents prétextes (2). » — « Les recherches, les observations et les expériences de la Société tendent principalement à ranimer l'agriculture, mais on ne peut se dissimuler que l'effet de ces tentatives ne soit extrêmement ralenti par la prohibition de l'exportation des grains... La dépopulation des campagnes est une espèce de maladie chronique pour l'Etat... ; un des remèdes pour arrêter

(1) « On attribue généralement à Parmentier, sinon l'introduction de la pomme de terre en France, du moins l'honneur d'en avoir propagé, vulgarisé la culture. Le premier ouvrage sur ce sujet est de 1773. D'après un passage des *Réflexions sur l'agriculture*, la pomme de terre était cultivée en Bretagne non seulement en 1764, mais *dix* ou *douze ans* plus tôt, c'est-à-dire dès 1752, soit plus de vingt ans avant Parmentier. Le fait est bon à signaler. (A. de la Borderie, de l'Institut. *Un pamphlet contre le cidre au XVIIIe siècle*, par un ami du duc d'Aiguillon. *Mémoires de la Société archéologique d'Ille-et-Vilaine*, Tome XXVI, p. 260).

(2) *Corps d'observations de la Société d'agriculture*, 1759-1760, page 162.

au moins les progrès du mal serait de laisser une entière liberté à l'exportation des grains (1). »

Cet important sujet est longuement traité ; le paragraphe suivant sur la culture du lin et du chanvre est moins étendu ; il en avait été d'ailleurs parlé dans le volume précédent (2). Le Corps d'observations nous montre ensuite que « la courte durée des fermes est un grand obstacle aux progrès de l'agriculture. La coutume de la province interdit les baux de plus de neuf ans, et ce terme est trop court pour qu'un fermier puisse mettre les terres en valeur et les y soutenir. La plupart des fermes sont de trois et de six ans. Le fermier entrant trouve tout à faire. Ses soins et son travail ne peuvent lui profiter qu'après deux et même trois ans. La culture se soutient pendant deux ou trois ans. Elle languit ensuite, parce qu'il cherche uniquement à jouir de ses travaux et qu'il ne cherche pas à en faire jouir son successeur... On trouverait les mêmes avantages à animer le fermier par l'esprit de propriété. Il se regardera comme propriétaire dès qu'il sera sûr d'une jouissance de 18 ou 20 ans ; et sa famille, élevée dans une espèce d'aisance, ne songera point, comme aujourd'hui, à quitter une profession qui ne lui présente que l'étroit nécessaire, pour prix d'un travail continuel (3) ». Nous arrivons ensuite à l'économie rustique : d'abord le bétail avec les différents moyens d'en perfectionner les races ; les bois et les ruches écossaises.

Un des caractères spéciaux à l'agriculture du XVIIIe siècle, était la mode des arbres fruitiers. Parmi ceux-ci, il faut citer surtout le noyer, pour lequel nos pères s'éprirent d'une véritable passion. Jusqu'ici, on n'avait considéré les noix que « comme une branche de fruiterie qui ne paraissait pas devoir former un grand objet (4) ». Mais on fut détrompé, lorsqu'une personne qui avait fait ce commerce depuis longtemps eût dit à M. de Montaudouin que « chaque année il entrait dans le port de Nantes pour 900.000 francs de noix ; qu'on regarde, il est vrai, cette évaluation comme exagérée ; en la réduisant

(1) *Corps d'observations de la Société d'agriculture*, 1759-1760, p. 169.
(2) *Corps d'observations de la Société d'agriculture*, 1757-1758, p. 140.
(3) *Ibid.* de 1759-1760, p. 231-232.
(4) *Ibid.*, p. 241.

de moitié, il reste encore 450.000 francs que la province paie tous les ans (1) ». C'était principalement, disait-on, « dans les foires et les *pardons* où le peuple se rend de deux ou trois lieues à la ronde, » qu'il s'en faisait un plus grand commerce: « Après les exercices de piété, il est d'usage de boire, de manger, de danser et de se faire des petits présents. La plupart de ces présents sont accompagnés d'une certaine quantité de noix que se donnent les jeunes gens et les jeunes filles qui se rendent à ces assemblées (2). »

La Chalotais, croyant voir dans cette culture une source de richesse pour la Bretagne, voulut prêcher d'exemple : « il en fit planter six mille dans sa terre de Vern, où l'on trouvait à peine six noyers (3). » De cette grande quantité de noyers plantés alors en Bretagne, bien peu ont échappé, ayant été employés au commencement du siècle à la fabrication des bois de fusils.

Outre les noyers, la Société d'agriculture invite les propriétaires à la culture « trop négligée » de l'osier. « On cultive plusieurs espèces d'osier dans le Comté nantais qui n'y sont connus que sous des noms vulgaires qui, selon toute apparence, ne seraient point entendus partout ailleurs. Un des membres fondateurs de la Société d'agriculture, le docteur Bonamy (4) en fit le classement et leur donna « les noms botaniques qui servirent à démêler ces espèces dans les cantons trop éloignés de Nantes (5). » Nous ne parlerons pas ici du passage ayant trait aux ruches écossaises, ce sujet étant le même que dans le volume précédent.

(1) *Corps d'observations de la Société d'agriculture*, 1757-1758, p. 241.

(2) *Ibid.*, p. 241, note *a*.

(3) *Ibid.*, p. 243.

(4) François Bonamy, né à Nantes le 10 mai 1710, reçu en 1735 docteur en médecine, botaniste distingué, régent de médecine de l'Université de Nantes, recteur de l'Université de cette ville, membre de plusieurs académies savantes et auteur de différents ouvrages et mémoires scientifiques, mourut à Nantes le 5 janvier 1786. La famille Bonamy, originaire d'Italie, issue d'une famille patricienne de Florence, établie depuis le XVe siècle dans le Comté nantais, portait, d'après l'*Armorial d'Hozier*, (II, 672) : « d'azur au phénix d'argent sur un bûcher de gueules, regardant un soleil d'or à dextre. » Voyez *Arm. de Courcy* (I, 90). *Dict. de biographie bretonne*, de Levot (I, 139). *Répertoire général de bio-bibliog. bretonne*, de Kerviler (IV, 270-290).

(5) *Corps d'observations* 1759-1760, p. 250.

Le chapitre concernant les arts commence par un traineau perfectionné pour le transport des terres, par M. Baudouin, et dont M. le comte de Goyon-Beaufort lui avait donné l'idée. Nous passons ensuite à la teinture des fils de coton et de lin ; on y remarque : les recherches de MM. les abbés de Rabec, chanoine de Saint-Brieuc, Mazéas, chanoine de Vannes ; des considérations sur les maitrises des teinturiers et des sergers qui sont très nuisibles aux établissements de manufactures (1); pour finir par la description d'une machine à broyer le lin et le chanvre.

Le volume se termine par le commerce. Dans cette dernière partie, après avoir traité de la pèche, des ouvrages à faire au port de Piriac pour faciliter la pêche du hareng, de la fabrication des huiles de poissons et l'exemption des droits, on arrive à l'important chapitre des toiles dont le commerce « n'avait peut-être jamais ressenti les maux de la guerre d'une manière plus universelle ». Après avoir émis le vœu de voir la rivière du Couasnon « navigable en tout temps », le Corps d'observations aborde le chapitre final relatif au droit d'aubaine, contre lequel la Société d'agriculture proteste et dont elle demande la suppression en Bretagne.

Il est assez étonnant de ne voir nulle part traiter du pommier ou de la vigne. Cela eût été, nous semble-t-il, autrement profitable pour la Bretagne que la culture des noyers. Si au moyen-âge Rennes et ses environs étaient plantés de vignes (2), il est vrai d'ajouter que son vin n'était pas fameux, d'après Noël du Fail (3). Mais il n'en était pas de même du Comté

(1) *Corps d'observations* 1759-1760, p. 329.

(2) A Rennes : « La vigne de la Mestaerie de Chavaigne » (Le Baudrier en Toussaints). — Le Petit-Pré Saint-Melaine, en Saint-Martin des Vignes « contenant par fonds tant en mésons que vignes 4 journaux de terre » (Aveux de 1456 et 1470). *Mémoires de la Société Archéologique d'Ille-et-Vilaine,* t. XXII, page XXVII.

(3) On lit dans les *Contes d'Eutrapel,* de Noël du Fail : Le brave capitaine Lattay ayant dit au roi : « Sire, il y a trois choses signalées et remarquables en vostre Bretaigne et qui par aventure ne sont ailleurs en la chrestienté : car sont là les plus forts hommes, les plus forts chiens et les plus forts vins qu'on puisse voir. » — « Pour le regard des hommes et des levriers de Bretaigne, il en est quelque chose, dit le roy. Mais des vins je ne le puis entendre, pour estre des plus aspres et des plus verds de mon royaume. Tesmoin le chien de

nantais ou de certaines parties de la Basse-Bretagne, où l'on cultive actuellement la vigne avec succès.

On a vu, dans la rapide analyse que nous avons faite du Corps d'observations, que « la Société d'agriculture n'a jamais prétendu résoudre que des questions générales. A l'égard des questions particulières, chacun doit en rechercher la solution, soit dans sa propre expérience, soit dans celle des personnes intelligentes... L'agriculture est peut-être de tous les arts celui dont les principes généraux souffrent le plus d'exceptions dans les applications particulières qu'on veut en faire (1) ».

Après avoir jeté un grand éclat, la *Société d'agriculture,* subissant le contre-coup des orages politiques, finit par tomber. En 1770, malgré les troubles de Bretagne, nous avons vu la Chalotais, du fond de son exil, songer à elle. Mais tous n'avaient pas cette force d'âme du Procureur général. La publication, en 1772, de son second volume, fut pour elle le chant du cygne. Bientôt n'exista-t-elle plus qu'à l'état de souvenir : « Elle participa aux malheurs qu'essuyèrent la plupart des corps, et tomba dans un tel état de langueur et d'inertie, que ses fondateurs mêmes crurent devoir retirer leurs fonds devenus inutiles (2). » En 1785, Georgelin nous apprend que la Société d'agriculture a été détruite « par la suppression fatale de son centre de correspondance (3) ». Elle fut réunie à celle de Paris, et son secrétaire Abeille « en suivit le destin, c'est-à-dire qu'il fut nommé associé pensionnaire (4) ». Finalement, la Révolution anéantit cette Société, comme tant d'autres institutions, par les décrets de la Convention des 8 et 14 août.

Ruzé, l'un de mes conseillers audit pays, lequel (chien) pour avoir mangé une grappe de raisin breton près Rennes, aboya le cep de vigne, comme protestant se venger de telle aigreur, qui jà commençait à lui brouiller le ventre. » (*Contes d'Eutrapel*, ch. XXXIII, édit. elzev., t. II, p. 315.)

(1) *Corps d'observations* 1759-1760, p. 110-111.

(2) Ogée, *Dict. de Bret.*, T. II, p. 500.

(3) *Georgelin*, documents inédits, par L. de Villers, *Mém. de la Société Arch. d'Ille-et-Vilaine*, T. XXVI, p. 295.

(4) L'*Armorique littéraire*, par le citoyen M. (Maréchal), p. 21-22.

IV

Nous avons vu, Messieurs, qu'une des principales causes de la décadence de l'agriculture en Bretagne — comme partout — au XVIIIe siècle, fut l'esprit de routine, le défaut d'exemples et la pauvreté des laboureurs. Ce n'était pas avec les traités de *la Culture des terres*, de M. Duhamel, ou *les Prairies artificielles*, de M. de la Salle, ou encore ces *Maisons rustiques*, mélange perpétuel de conseils souvent inutiles et quelquefois nuisibles, que l'on pouvait régénérer l'agriculture. Une méthode, peut-être bonne dans une province, était souvent mauvaise dans une autre. « En ces matières, écrivait l'Intendant de Bretagne à Georgelin, il faut généralement peu d'écrits mais beaucoup d'exemples et d'encouragements (1). » Les associés de la Société d'agriculture l'avaient compris, telle fut aussi leur règle.

Des grands seigneurs, des magistrats célèbres, de vénérables ecclésiastiques se firent agriculteurs, et à force d'énergie et de patience vinrent à bout des antiques préjugés. Il ne faut pas, toutefois, exagérer outre mesure cette routine : « Ils (les paysans bretons) connaissent rarement, nous dit le duc d'Aiguillon, leurs véritables intérêts, en sont peu occupés..., les raisons les plus claires et les plus fortes ne leur font aucune impression (2). » Autant dire tout de suite, comme un de ses amis, que c'étaient « des abrutis. »

Autrefois, comme de nos jours « si le paysan breton est lent à persuader même pour son bien et cela avec raison, car, par

(1) *Georgelin*, p. 297.

(2) *Un pamphlet contre le cidre au XVIIIe siècle*, par un ami du duc d'Aiguillon, par A. de la Borderie, de l'Institut. *Mém. de la Société Archéolog. d'Ille-et-Vilaine*, T. XXVI, p. 260.

le passé, il a été souvent trompé sous prétexte d'un bien apparent (1) ».

Se livrer à des expériences, combattre les préjugés, ce n'était pas assez, il fallait lutter contre la pauvreté des laboureurs. Indépendamment des dons personnels des associés, la Société d'agriculture « souscrivit, en 1770, pour la somme de 72.500 livres pour les confier aux négociants qui voudroient faire venir dans la province du bled étranger pour y vendre publiquement avec un profit égal à celui que peuvent prétendre des négociants honnêtes lequel profit seroit distribué en aumones aux pauvres invalides et en salaire aux pauvres valides..... Les Secrétaires d'Etat et le Contrôleur-Général, marquèrent à la Société d'agriculture, la satisfaction du Roi de la souscription de ce Corps (2) ».

Les arts et le commerce ne furent point oubliés ; elle tenta d'encourager le premier par des récompenses, et voulut créer de nouveaux débouchés au second. Si ses efforts n'ont pas toujours été couronnés de succès, elle eut le mérite d'attirer les regards du Gouvernement sur cet objet. C'est à son instigation que « S. M. dans l'arrêt de son conseil du 30 octobre (1768), promit de donner tous les ans des lettres de noblesse à deux Négociants en gros qui se seront distingués dans leur profession (3) ».

Petits et grands ne furent pas au-dessous de leur tâche. Et si parfois, cette réunion de personnes de conditions si différentes donna lieu à des expériences ou à des propositions, bien que faites dans l'intérêt public, n'en étaient pas moins fantaisistes (4), la Bretagne retira le plus grand profit des

(1) *Gabriel Calloët de Kerbrat*, par M. A. de Kerdrel, *Mém. de l'Association Bretonne*, T. IV, p. 191-192.

(2) *Mémoires pour servir à l'histoire de ce siècle*, par Dagues de Clairfontaines, T. II, p. 597.

(3) *Ibid.* p. 558.

(4) Par exemple, dans un Mémoire, M. le chevalier du Bouays de Couasbouc demande que les Etats lui « accordent une somme de 18.000 livres pour l'établissement d'une pépinière, dans laquelle il s'oblige de faire venir des arbres de toute espèce dont il s'offre de faire don à tous les propriétaires qui lui en demanderont. Il demande, en outre, une somme de 3.000 livres pour l'entretien de cette pépinière ». La Commission fut d'avis de renvoyer l'objet de cette requête à des temps plus heureux (*Arch. départ. Com. int. agriculture*).

travaux de la *Société d'Agriculture, du Commerce et des Arts*, son *Corps d'Observations* en est la preuve.

On a prétendu que les fondateurs de la Société d'agriculture « étaient étrangers aux lois de l'économie rurale proprement dite, et ne se doutaient pas de celles de l'alternance et de la restitution au sol des éléments enlevés par les récoltes (1) ». Cette critique nous semble exagérée. Nous n'avons pas la compétence d'un agronome pour discuter cette question, notre but, dans ce petit travail, est de faire l'historique de la Société d'agriculture ; qu'il nous soit, toutefois, permis de dire que sur le dernier point notamment, il suffit de lire certains passages du *Corps d'Observations* pour voir que ce reproche n'est pas fondé.

N'y aurait-il pas, Messieurs, à faire un certain rapprochement entre la situation agricole de la Bretagne au XVIIIe siècle et l'époque actuelle ? Et ne serait-il pas d'actualité de rappeler à nos propriétaires ruraux la recommandation des Etats de notre province lorsqu'ils « préviennent les gentilshommes et les ecclésiastiques qui demeurent à la campagne de vouloir exciter par leurs exemples les autres citoyens à les suivre ? »

Heureusement, les Montaudouin, les Abeille, les la Chatolais et tant d'autres ont trouvé, de nos jours, des imitateurs ; la Société d'agriculture d'antan a laissé des descendants, en particulier dans l'*Association Bretonne*, dans la *Société départementale d'Agriculture et d'Industrie d'Ille-et-Vilaine* (2), ayant le même dévouement et tous le même but : l'amour de la patrie bretonne.

LOUIS DE VILLERS.

Il se trouve aussi de curieux mémoires de M. de Langourla avec des dessins invraisemblables concernant l'agriculture.

(1) L'*Economie rurale de la Bretagne et un agriculteur dans le passé et dans le passé et dans le présent*, par M. de la Morvannais, p. 13.

(2) Cette Société est la descendante directe de celle fondée en 1757 par les Etats de Bretagne, réorganisée en 1831, avec l'autorisation ministérielle.

598. — Saint-Brieuc, Imprimerie René PRUD'HOMME.

www.ingramcontent.com/pod-product-compliance
Ingram Content Group UK Ltd.
Pitfield, Milton Keynes, MK11 3LW, UK
UKHW020356250726
13967UKWH00005B/2325

9 782013 045490